关于减轻中小学教师负担进一步营造教育教学良好环境的若干意见

人民出版社

图书在版编目(CIP)数据

关于减轻中小学教师负担进一步营造教育教学良好环境的若干
　意见. —北京:人民出版社,2019.12
ISBN 978 - 7 - 01 - 021724 - 6

I.①关… II. III.①中小学教育-教育环境-建设-文件-汇编-
中国 ②中小学教育-教学环境-建设-文件-汇编-中国
IV.①G639.20

中国版本图书馆 CIP 数据核字(2019)第 284041 号

关于减轻中小学教师负担进一步营造
教育教学良好环境的若干意见

GUANYU JIANQING ZHONGXIAOXUE JIAOSHI FUDAN JINYIBU YINGZAO
JIAOYU JIAOXUE LIANGHAO HUANJING DE RUOGAN YIJIAN

人民出版社 出版发行
(100706　北京市东城区隆福寺街 99 号)

北京新华印刷有限公司印刷　新华书店经销

2019 年 12 月第 1 版　2019 年 12 月北京第 1 次印刷
开本:880 毫米×1230 毫米 1/32　印张:0.5
字数:7 千字

ISBN 978 - 7 - 01 - 021724 - 6　定价:2.00 元

邮购地址 100706　北京市东城区隆福寺街 99 号
人民东方图书销售中心　电话 (010)65250042　65289539

目　　录

中办国办印发《关于减轻中小学教师负担进一步营造教育教学良好环境的若干意见》

新华社北京 2019 年 12 月 15 日电　近日,中共中央办公厅、国务院办公厅印发了《关于减轻中小学教师负担进一步营造教育教学良好环境的若干意见》,并发出通知,要求各地区各部门结合实际认真贯彻落实。

《关于减轻中小学教师负担进一步营造教育教学良好环境的若干意见》全文如下。

关于减轻中小学教师负担进一步营造教育教学良好环境的若干意见

为深入贯彻全国教育大会和《中共中央、国务院关于全面深化新时代教师队伍建设改革的意见》精神,进一步营造全社会尊师重教的浓厚氛围,为教师安心、静心、舒心从教创造更加良好环境,按照《中共中央办公厅关于解决形式主义突出问题为基层减负的通知》要求,现就减轻中小学教师负担提出如下意见。

一、进一步提高认识

1. 重要意义。教育是国之大计、党之大计。教师是教育的第一资源,承载着为党育人、为国育才的历史使命,肩负着培养社会主义建设者和接班人的时代重任。营造教育教学良好环境,让教师全身心投入教书育人工作,落实好立德树人根本任务,是各级党委和政府的职责所在,是全社会尊师重教的基本体现。

2. 主要问题。党和国家高度重视教师工作,在落实教育优先发展战略进程中,坚持把教师队伍建设作为基础工作来抓,在倡导全社会尊师重教、推进教师管理体制机制改革、落实教师待遇保障等方面采取了一系列政策举措,取得显著成效。同时要看到,由于一些历史的和体制机制方面的原因,目前教师特别是中小学教师还存在负担较重的问题,主要表现是:各种督查检查评比考核等事项名目多、频率高;各类调研、统计、信息采集等活动交叉重复,有的布置随意;一些地方和部门在落实安全稳定、扫黑除恶、创优评先等工作时,经常向学校和教师摊派任务。这极大地干扰了学校正常的教育教学秩序,给教师增加了额外负担。对此,必须牢固树立教师的天职是教书育人的理念,切实减少对中小学校和教师不必要的干扰,把宁静还给学校,把时间还给教师。

3.总体要求。坚持以习近平新时代中国特色社会主义思想为指导,全面贯彻落实习近平总书记关于教育的重要论述特别是关于教师工作的重要指示批示精神,强化党对教育工作的全面领导,遵循教育教学规律,聚焦教师立德树人、教书育人主责主业,坚决反对形式主义和官僚主义。坚持分类治理,从源头上查找教师负担,大幅精简文件和会议。坚持因地制宜,充分考虑区域、城乡、学段等不同特点,避免"一刀切"。坚持标本兼治,严格清理规范与中小学教育教学无关事项,突出重点,大力精简治标;协调好学校管理与教育教学关系,提高水平,发展专业治本。坚持共同治理,调动各级各部门、社会各界力量,形成合力,切实减轻中小学教师负担,进一步营造宽松、宁静的教育教学环境和校园氛围,确保中小学教师潜心教书、静心育人。

二、统筹规范督查检查评比考核事项

4.依法依规开展督查检查评比考核。各级党委和政府要统一部署和依法依规开展督查检查评比考核工作。各部门开展涉及中小学校和教师的督查检查评比考核事项,按照归口管理原则,实行年度计划和审批报备制度,年初分别报同级党委办公厅(室)、政府办公厅(室)研究审核,由党委办公厅(室)统一报党委审批。除教育部门外,其他部门不得自行设置以中小学教师为对象的督查检查评比考核事项,确需开展的要商教育部门,按程序报批后实施。涉及中小学校和教师的督查检查评比考核事项,由同级教育部门统筹协调开展,同类事项可合并进行,涉及多部门的联合组团开展,严格按要求按程序进行,不能层层加码、扩大范围、增加环节、延长时间,坚决避免对学校和教师随意提出要求。

5.清理精简现有督查检查评比考核事项。省级党委和政府要对现有涉及中小学校和教师的督查检查评比考核事项进行一次集中清理,严格控制总量和频次。要对各类校园创建活动严格审核把关,能合并的尽量合并,能取消的坚决取消。经过清理,确保对中小学校和教师的督查检查评比考核事项在现有基础上减少50%以上,清理后保留的事项实行清单管理。

6.改进督查检查评比考核方式方法。各级党委和政府及有关部门要完善考核评价体系,体现差别化原则,坚持走群众路线,加强常态化了解,坚决纠正机械式做法,尽量简化程序,减少不必要的环节和表格数据材料检查。注重工作实绩,不得简单以留痕作为评判工作成效的标准,不得以微信工作群、政务APP(应用程序)上传工作场景截图或录制视频等方式来代替实际工作评价,不能工作刚安排就开展督查检查评比考核,坚决克服重留痕轻实绩的形式主义做法,避免干扰正常教育教学活动。

三、统筹规范社会事务进校园

7.规范部署扶贫任务。教育扶贫是当前和今后一个时期的重要政治任务,必须大力推进、取得实效。各级党委和政府要严格按照党中央有关要求,引导广大教师关心支持教育扶贫工作,充分运用校园和课堂教育帮助贫困地区学生坚定脱贫信念、认真学习、掌握本领、健康成长,通过扶智方式为阻断贫困代际传递多作贡献。

8.合理安排专项任务。各级党委和政府统一部署的维护稳定、扫黑除恶、防灾减灾、消防安全、防艾等重要专项工作,确需中小学教师参与的,由教育部门严格按要求依程序统筹安排,一般不得影响正常教育教学,不得安排中小学教师到与教育教学无关的场所开展相关工作。如遇特殊时期、紧急情况,根据形势和实际需要,由教育部门根据上级要求布置。

9.合理安排城市创优评先任务。各级党委和政府统一部署开展的文明、卫生、绿色、宜居、旅游等城市创优评先活动,涉及中小学校的,由教育部门严格按要求依程序统筹安排,原则上不得安排教师上街执勤或做其他与教师职责无关的工作,不得影响正常教育教学。未经教育部门同意,有关部门不得擅自进校园指导教师开展相关工作。

10.合理安排街道社区事务。街道社区要通过积极发展社区教育助力区域内中小学校的教育教学工作,在不影响正常教育教学情况下,积极吸引中小学校参与社区建设相关活动。街道社区对教师参与有关活动提出不合理要求或所提要求影响正常教育教学的,学校有权予以拒绝。

11.科学安排有关教育宣传活动。面向中小学生开展的教育宣传活动,要根据中小学生德智体美劳全面发展的需要,由教育部门整体规划、分类指导、统筹安排进入校园。如中小学课程已有类似内容,可根据实际需要合理融入教学安排,不得重复安排。

12.坚决杜绝强制摊派无关事务。各级党委和政府要统筹规范社会事务进校园工作,特别是不得把一些地方政府部门和企业等与教育教学无关的活动和工作(如庆典、招商、拆迁等)强制摊派给中小学校,并向教师下达指令性任务,不得随意让学校停课出人出场地举办有关活动。

四、统筹规范精简相关报表填写工作

13.规范精简各类报表填写。各级党委和政府及教育部门要严格规范涉及中小学教师的有关报表填写工作,根据需要统筹安排各类报表填报工作,精简填写内容和次数,不得一味要求学校和教师填表格报材料,杜绝重复上报各种数据及多头填写表格现象。

14. 严格规范教育统计和调研工作。严格落实《教育统计管理规定》有关要求,规范中小学校教育统计工作。除国家统计局外,其他部门开展涉及中小学校和教师的教育统计工作须向同级政府统计机构报请审批备案。针对中小学教师开展的调研活动,须经教育部门同意并部署,坚决避免不同部门多头和重复调研。

15. 提升数据采集信息化水平。各级教育部门和学校要加强信息管理系统建设,建立健全各类教育信息数据库,进一步规范基本信息管理和使用,努力做到一次采集多次使用。充分利用现代信息技术特别是人工智能技术,提升教育管理工作的信息化、科学化水平,切实做到让信息多跑路、让教师少跑腿。

五、统筹规范抽调借用中小学教师事宜

16. 从严规范借用中小学教师行为。教育部门

统筹中小学教师安排使用工作,严格限制和规范有关部门对中小学教师的抽调借用。对于借用中小学教师参与贯彻落实党和国家重大决策部署任务的,在不影响学校正常教育教学情况下,应经县级以上教育部门同意,并报同级党委审批备案,借用期限原则上不超过半年。

17. 切实避免安排中小学教师参加无关培训活动。教育部门统筹安排中小学教师培训活动。针对教师的专业培训,要结合教师工作和生活实际,优化内容、改进形式、合理开展,避免硬性安排,坚决杜绝走形式、走过场。注重采取多种方式做好对教师的教研指导,通过多个维度观测教师教学水平,科学开展考核评估。对于非教育教学方面的培训,教育部门要严格把关,除人力资源社会保障部门依法依规开展的培训外,能取消的取消,能合并的合并,不得拉教师拼凑充数,把无关培训摊派给教师。

六、强化组织保障

18. 加强领导。各级党委和政府要高度重视,切实履行责任,把减轻中小学教师负担工作纳入重要议事日程,严格落实审批和报备制度,采取有效措施予以推进。各级党委教育工作领导小组要加强统筹协调、宣传引导、督促落实。各级教育部门要在党委和政府的领导下,认真落实好组织实施工作。要依法保障学校办学自主权和中小学教师各项权益,合理核定工作量,激励教师肯干能干做出成绩。严禁挤占、挪用、截留编制和有编不补,事业编制要优先保障农村学校教师需求,根据乡镇寄宿制学校实际需要,积极探索将属于政府职责范围且适宜通过市场方式提供的事项(如学校安保、生活服务等)纳入政府购买服务范围,确保乡镇寄宿制学校运转良好。

19.加强督导。国务院教育督导委员会要把减轻中小学教师负担工作纳入对省级政府履行教育职责的督导中。省级教育督导部门要把减轻中小学教师负担工作作为教育督导和开学检查的重要内容。严格按照《中共中央办公厅关于统筹规范督查检查考核工作的通知》要求,注重运用信息技术手段,以督促减,以减增效,指导各地做好落实工作。坚持定期督导与长期监管相结合,将结果作为地方党政领导班子和有关领导干部综合考核评价、奖惩任免的重要参考,对于执行不力、落实不到位的要严肃问责。

20.加强引导。各级党委和政府及教育部门要加大宣传力度,通过多种形式,广泛宣传党的教育方针、党中央关于教师队伍建设的决策部署,广泛宣传中小学教师教书育人、培养社会主义建设者和接班人的神圣使命,大力倡导尊师重教,努力引导全社会进一步理解教育工作、关心中小学教师发展,共同营造良好的教育教学环境。

省级党委和政府要根据本意见精神,列出具体减负清单,扎实推进减轻中小学教师负担工作取得实效。